AF312008

VENTE DU SAMEDI 28 JANVIER 1893

HÔTEL DROUOT, SALLE N° 6

à deux heures et demie

TABLEAUX ANCIENS

ET

MODERNES

DESSINS, AQUARELLES, PASTELS

Marbres, etc.

EXPOSITION PUBLIQUE

LE VENDREDI 27 JANVIER 1893

de 1 heure à 5 heures 1/2

COMMISSAIRE-PRISEUR

M° PAUL CHEVALLIER

10, rue de la Grange-Batelière, 10

. EXPERT

M. Eug. FÉRAL, peintre

54, Faubourg-Montmartre, 54

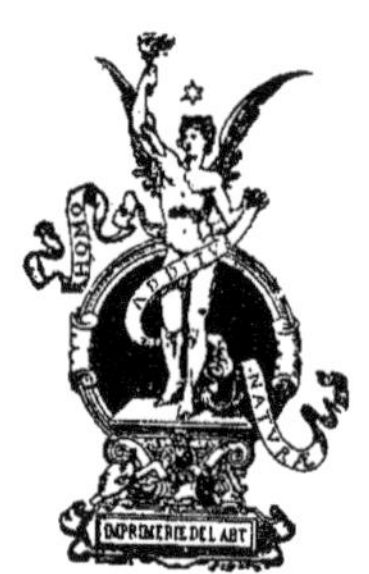
HONOR
ADDITUR
NATUS
IMPRIMERIE DEL ABT

CATALOGUE

DE

TABLEAUX ANCIENS

DES ÉCOLES

ITALIENNE, FLAMANDE ET HOLLANDAISE

ŒUVRES DE

Fra Angelico, Beeldemaker, F. Bol, Goya, Grimoux, J. Jordaens
Ch. Lely, Van der Meulen
Molenaert, Murillo, Pynacker, Van de Velde, etc., etc.

GRANDS ET BEAUX PORTRAITS

TABLEAUX MODERNES

PAR

Georges Cain, Millet, Roqueplan, Scheffer, Seaforth, etc.

DESSINS, AQUARELLES, PASTELS, GRAVURES, MARBRES, ETC., ETC.

DONT LA VENTE AURA LIEU

HOTEL DROUOT, SALLE N° 6

Le Samedi 28 Janvier 1893

à deux heures et demie

Par le Ministère de Me **PAUL CHEVALLIER**, commissaire-priseur

10, rue de la Grange-Batelière, 10

Assisté de **M. EUGÈNE FÉRAL**, peintre-expert

54, Faubourg-Montmartre, 54

Chez lesquels se trouve le présent Catalogue

EXPOSITION PUBLIQUE

Le Vendredi 27 Janvier 1893, de 1 heure 1/2 à 5 heures 1/2

CONDITIONS DE LA VENTE

Elle sera faite *expressément* au comptant.

Les acquéreurs payeront en sus des enchères *cinq pour cent*.

L'exposition mettant le public à même de se rendre compte de l'état des objets, aucune réclamation ne sera admise une fois l'adjudication prononcée.

Paris. — Imp. de l'Art. E. Ménard et Cⁱᵉ, 41, rue de la Victoire.

TABLEAUX

ANCIENS ET MODERNES

ANGELICO
(Genre de Fra)

1 — *Sujet religieux.*

Représentant Dieu le Père soutenant le Christ en croix. Sur les côtés, de saints personnages en prière.
Peinture cintrée du haut.

ARELLANO
(Genre de)

2 — *Guirlande de fleurs.*

Au centre, la Vierge tenant l'Enfant Jésus.

BECKAULT
(A.)

3 — *Portrait de femme.*

Vue jusqu'à la ceinture, robe décolletée.
Signé.
Toile ovale dans un cadre sculpté.

BEELDEMAKER

(JEAN)

4 — Tête de taureau.

Très belle étude de grandeur naturelle, dans un cadre en bois noir guilloché.

Ce tableau faisait partie de la collection de San Donato où il porte le n° 1039 du catalogue. (Vente 1880.)

Il a été gravé par Jules Jacquemart et attribué à P. Potter.

BOL

(FERDINAND)

5 — Portrait d'un syndic.

Il est assis dans un fauteuil, vu jusqu'aux genoux, devant une table couverte d'un tapis, tenant une plume et prenant de la main gauche une feuille de papier.

Dans le fond, les armes du personnage avec une inscription indiquant son âge, 50 ans, et la date 1651.

BONIFAZIO

6 — Le Mariage mystique de sainte Catherine.

Importante composition, d'une remarquable richesse de coloris, rappelant les plus belles œuvres du Titien.

Ce tableau provient des collections de la comtesse Lehon et marquis du Blaisel.

BONINGTON

(Genre de R. P.)

7 — *Jeune Fille assise.*

> Elle est vêtue d'une robe de satin blanc. A sa
> gauche, une table couverte d'un tapis de guipure.

BOUCHER

(D'après F.)

8 — *Nymphe et Amour.*

> Pastel.

CAIN

(GEORGES)

9 — *Un Guignol populaire en 1795.*

> Rue Saint-Martin, hôtel de Vic.

COSTER

(Mme VALLAYER)

10 — *Plat d'abricots et branches de cerises.*

COSTER

(Mme VALLAYER)

(Pendant du précédent.)

11 — *Poires et raisins.*
> Signé.

DESHAYES

(Attribué à)

12 — *Jeune Femme étendue sur un lit et lisant une lettre.*

DUPONT

(ERNEST)

13 — *Jeune Paysanne tenant un livre.*

ELZHEIMER

14 — *Joseph vendu par ses frères.*

Fine peinture sur cuivre.

FRANCIA

(Attribué à F.)

15 — *La Vierge et l'Enfant Jésus.*

La Vierge, la tête couverte d'un voile blanc, vêtue d'une robe rouge en partie cachée par un ample manteau bleu, tient sur ses genoux l'Enfant Jésus qui joue avec un oiseau.

Bon tableau peint sur bois.

GIOVANI DE UDINE

(Attribué à)

16 — *La Vierge à la grenade.*

La Vierge est debout, vue jusqu'aux genoux, donnant une grenade à l'Enfant Jésus qui est assis sur un socle de pierre.

Au premier plan, un vase de cristal et des fleurs sur une balustrade.

Fond de paysage, à droite.

Bon tableau, peint sur bois, cintré dans le haut.

GOYEN

(Attribué à VAN)

17 — *Marine hollandaise avec bateaux à voiles.*

GOYA

(FRANCESCO)

18 — *Picador à cheval poursuivant le taureau.*

Signé à gauche et daté 1810.

GRIMOUX

(ALEXIS)

19 — *Jeune Homme.*

Debout, vu de dos, et tenant un bâton de pèlerin.

GUIDO-RENI

(D'après)

20 — *Le Sommeil de l'Enfant Jésus.*

JORDAENS

(Attribué à J.)

21 — *La Sainte Famille.*

La Vierge tient l'Enfant Jésus à qui saint Joseph présente un plat contenant de la bouillie.

Au second plan, un quatrième personnage soufflant un feu dans un réchaud qu'il tient dans ses mains.

Très belle peinture, digne du pinceau de Rubens.

LANTARA

(Genre de)

22 — *Paysage ; effet de soleil levant.*

LAWRENCE

(Attribué à Sir THOMAS)

23 — *Portrait de jeune femme.*

Elle est vêtue de blanc, assise sur une terrasse et tenant une lettre.

LELY

(Attribué à **VAN DER FAES**, dit le Chevalier)

24 — *Portrait d'une jeune Reine.*

Elle est debout, en pied, de grandeur naturelle, le bras droit posé sur une table couverte d'un tapis rouge où se trouvent placés un sceptre et une couronne royale.

Vue de trois quarts, tournée vers la gauche, les cheveux blonds bouclés; vêtue d'une robe décolletée à riches broderies.

MARATTI

(CARLO)

25 — *L'Assomption de la Vierge.*

Elle est entourée d'anges et de chérubins, assise sur des nuages.

Gracieuse composition de forme ronde.

MARIO DI FIORI

(Genre de)

(Deux pendants.)

26 — *Fleurs et fruits.*

MELLING

(Deux pendants.)

27 — *Vues de villes*

Avec rivières et canaux. Au premier plan, de nombreux personnages.

Gouaches.

MEULEN

(P. VAN DER)

28 — *Chasse à courre.*

> Près d'un château seigneurial.
> Tableau de forme ronde.

MILLET

(Genre de)

29 — *Paysage au soleil levant.*

> Au centre, deux maisous de villageois et quelques bestiaux ; dans le fond, des collines.
> Signé à gauche.

MOLENAERT

(Deux pendants.)

30 — *Intérieurs de cabarets.*

> Signés en toutes lettres.
> Sur bois cintré du haut.

MOLYN

(PIERRE)

31 — *Paysage accidenté.*

> Avec cavaliers et villageois causant au bord d'un chemin.

MURILLO
(B. ESTEBAN)

32 — *La Conception.*

La Vierge, vêtue d'une robe blanche et drapée dans un manteau bleu, les pieds posés sur le croissant, s'élève vers le ciel, soutenue par un groupe de chérubins.

Charmant petit tableau provenant de la collection du marquis du Blaisel.

MURILLO
(École de)

33 — *La Fuite de Loth.*

On aperçoit dans le fond la ville en feu. Sur le devant, deux petits anges, plus loin, Loth et ses filles.

PYNACKER
(ADAM)

34 — *Paysage.*

Une vache et des moutons se reposent auprès d'un arbre brisé entouré de plantes à larges feuilles.

Au second plan, un massif de verdure se détachant sous un ciel lumineux. Vers le fond, à droite, on aperçoit des bergers chassant devant eux leur troupeau.

Bon tableau du maître.

Signé à droite.

Collection Nicolaeff.

RIGAUD
(D'après H.)

(Deux pendants.)

35 — *Portraits du Grand Dauphin et de sa femme.*

Ovales dans des cadres sculptés.

ROQUEPLAN
(C.)

36 — *Tempête au bord de la mer.*

Vigoureuse peinture.
Signé à droite.

RUBENS
(Attribué à P. P.)

37 — *La Descente de croix.*

Belle esquisse.

RUBENS
(École de P. P.)

38 — *Portrait de femme.*

Vue en pied, de grandeur naturelle, assise dans un fauteuil et tournée vers la gauche ; vêtue d'une robe de soie noire avec collerette finement plissée. Fond avec colonne de marbre et grand rideau.

Sur le devant, un cartouche portant le monogramme de P. P. Rubens.

SCHEFFER

(Attribué à ARY)

39 — *La Douleur.*

Allégorie.

SCHEFFER

(D'après ARY)

40 — *Françoise de Rimini.*

SEAFORTH

(CH. H.)

41 — *Vue du golfe de Naples.*

Des pêcheurs napolitains lancent leurs bateaux.
On aperçoit, à gauche, le château de l'Œuf.

SEAFORTH

(CH. H.)

(Pendant du précédent.)

42 — *Marine ; coucher de soleil après l'orage.*

TÉNIERS

(Attribué à DAVID)

43 — *Entrée de village.*

TIEPOLO

(Attribué à D.)

44 — *Portrait de jeune garçon.*

TOCQUÉ

(D'après L.)

45 — *Portrait de jeune femme avec son enfant.*

VAN DE VELDE

(W.)

46 — *Marine.*

> Charles II reconnu roi d'Angleterre est ramené en 1666, des Pays-Bas, par les flottes anglaises et hollandaises.
>
> Le moment représenté par l'artiste est celui où les flottes se rencontrent et échangent les saluts d'usage.

VERKOLJE

(NICOLAS)

47 — *Bacchanale.*

ÉCOLE ALLEMANDE

48 — *Portrait de femme.*

> Couverte d'un manteau doublé de fourrure.

ÉCOLE ESPAGNOLE

49 — *L'Échelle de Jacob.*

ÉCOLE ESPAGNOLE

50 — *Le Bon Pasteur.*

ÉCOLE ESPAGNOLE

51 — *La Vision de saint Bernard.*

ÉCOLE FLAMANDE

(xvie siècle.)

52 — *L'Adoration des Mages.*

> Importante composition, remarquable par la richesse des costumes et la fraîcheur du coloris.
> Bois cintré du haut.

ÉCOLE FRANÇAISE

(xviie siècle.)

53 — *Portrait de Cornélius Jansénius.*

ÉCOLE FRANÇAISE

(xviie siècle.)

54 — *La Fontaine de Jouvence.*

> Feuille d'éventail.
> Gouache.

ÉCOLE FRANÇAISE

55 — *Portrait d'une dame de la cour, sous Louis XIV.*

ÉCOLE FRANÇAISE

56 — *Portrait de femme.*

En robe décolletée et écharpe bleue.

ÉCOLE FRANÇAISE

57 — *Portrait d'homme.*

Il est vu en pied, montrant un bas-relief.

ÉCOLE FRANÇAISE

58 — *Portrait d'homme.*

Fin du xviiie siècle.

ÉCOLE FRANÇAISE

59 — *Portrait de jeune homme.*

Temps du Directoire.

ÉCOLE FRANÇAISE

60 — *Paysage.*

Genre de V. Bertin.

ÉCOLE HOLLANDAISE

61 — *Vue de Hollande.*

ÉCOLE HOLLANDAISE

62 — *Port de mer.*

Animé par de nombreux personnages.

ÉCOLE HOLLANDAISE

63 — *Paysage avec cavalier.*

Genre de Hobbéma.

ÉCOLE HOLLANDAISE

64 — *Ustensiles de cuisine et villageois vidant un seau de lait.*

ÉCOLE ITALIENNE

(xvie siècle.)

65 — *Saint Jérome en prière.*

Dans le fond du tableau, plusieurs sujets sur la vie du saint.
Bois cintré du haut.

ÉCOLE ITALIENNE

66 — *La Vierge et l'Enfant Jésus.*

ÉCOLE ITALIENNE

(Deux pendants.)

67 — *Saint Pierre et saint Paul.*

ÉCOLE ITALIENNE

68 — *La Vierge et l'Enfant Jésus.*

69 — Sous ce numéro qui sera divisé : environ trente tableaux de diverses écoles.

DESSINS, GRAVURES

MARBRES, ETC.

COCHIN

(Attribué à N.)

70 — *Portrait de femme âgée.*

>   Dessin à la sanguine.
>   Forme ovale.

ÉCOLE FRANÇAISE

71 — *Halte de chasse.*

>   Dessin à la plume.
>   Cadre en bois sculpté.

ÉCOLE FRANÇAISE

72 — *Portrait de femme.*

>   Miniature.

73 — *Mlle Olivier, de la Comédie-Française, dans le rôle de Chérubin.*

>   Gravure en couleur.

74 — *Bacchanale.*

>Gravure en couleur, d'après Hüet.

75 — *Miss Bingham.*

>Gravure anglaise.

76 — *Portrait de femme de profil.*

>Bas-relief en marbre.
>Forme ovale.

77 — Deux paravents à quatre feuilles :
Paysages avec figures et attributs de mu-
sique.

>(Ce numéro sera divisé.)

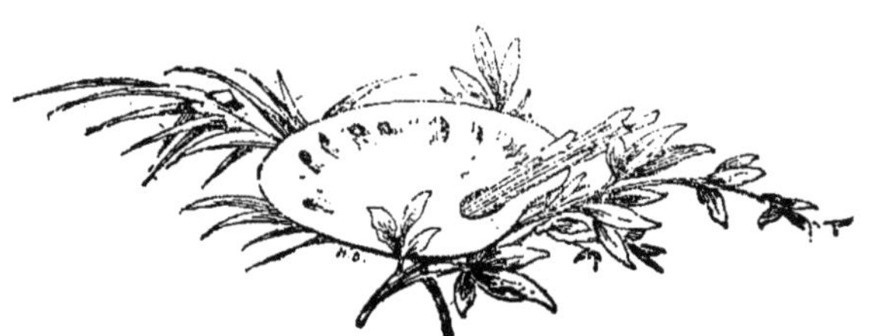

www.ingramcontent.com/pod-product-compliance
Ingram Content Group UK Ltd.
Pitfield, Milton Keynes, MK11 3LW, UK
UKHW022343170726
13837UKWH00005BA/2384